AF226680

★ ★ ★ ★ ★ ★ ★

Les Missions

ET LA

Question Religieuse

A

MADAGASCAR

—

1907

—

IMPRIMERIE

ALBERT MARÉCHAUX

Meulan-Hardricourt (S.-&-O.)

LES MISSIONS
ET LA QUESTION RELIGIEUSE

A

MADAGASCAR

★ ★ ★ ★ ★ ★ ★ ★

Les Missions

ET LA

Question Religieuse

A

MADAGASCAR

—

1907

—

IMPRIMERIE

ALBERT MARÉCHAUX

Meulan-Hardricourt (S.-&-O.)

INTRODUCTION

La France, depuis quelques années, s'est beaucoup, je pourrais dire avant tout, occupée d'affaires religieuses.

Loi sur les associations, loi sur l'enseignement par les congrégations, loi sur la séparation des Eglises et de l'Etat, furent les moteurs de la vie politique française depuis six années.

Tout a été dit sur la question religieuse en France. Le sujet est bien près d'être épuisé ; il l'est au point de vue théorique ; pratiquement, une fois la loi sur la séparation appliquée, il n'aura plus qu'un intérêt historique.

Mais pourquoi le législateur a-t-il limité son intervention aux affaires religieuses de la Mère-Patrie ?

Pourquoi a-t-il soigneusement évité de rendre applicables aux colonies les lois d'indépendance civile ?

La loi sur les associations n'a pas été promulguée dans les Colonies ; les congrégations religieuses y continuent d'exister et d'agir autorisées ou non autorisées. Les lois sur l'enseignement n'ont pas été promulguées et dans toutes nos colonies fleurit l'enseignement congréganiste. M. Leygues, ancien Ministre de l'Instruction Publique et ancien Ministre des Colonies, fit même voter, entre deux possessions du Ministère, un amendement, garantissant le recrutement des noviciats congréganistes à l'usage des colonies.

La loi sur la séparation des Eglises et de l'Etat est restée spéciale à la France : dans nos vieilles colonies, les îles, il existe encore aujourd'hui un clergé concordataire ; la Réunion, pour 180.000 habitants, compte à elle seule 72 curés ou desservants.

Les colonies sont-elles donc dans une situation si différente de celle de la Mère-Patrie, que les lois *jugées indispensables dans la Mère-Patrie soient d'une application dangereuse aux colonies ?*

En réalité, le Parlement n'a jamais porté son attention sur ce point de vue des affaires coloniales. Il vit sur quelques aphorismes tel " l'anti-cléricalisme n'est pas un article d'exportation ".

Des générations de radicaux ont réglé leur politique extra-territoriale sur cette vénérable et vide phrase échappée à Gambetta.

Il faut dire aussi que sur ce sujet, comme sur la plupart des affaires coloniales, le Parlement est aussi mal éclairé que possible. Une étude attentive, spéciale à chaque colonie, permettrait seule d'obtenir une idée nette sur le rôle des missions et des missionnaires des diverses églises. La question ne se pose certainement pas de même partout : l'influence, l'action des missionnaires sont différentes à l'endroit des jaunes d'Indo-Chine, des Malgaches de Madagascar, des Soudanais, différentes aussi à l'endroit des créoles de nos vieilles possessions antillaises ou de la Réunion.

Des documents d'une précision absolue, je pourrais dire officiels, m'ont permis d'étudier à fond, les actes des missions à Madagascar ; c'est le résultat de ces études que je veux exposer ici.

On verra combien importante est la question religieuse à Madagascar, on verra aussi que l'aspect de cette question dans la Grande Ile est spécial. Alors que dans toutes nos autres colonies le catholicisme est la seule forme religieuse sous laquelle se présente le prosélytisme chrétien, à Madagascar le protestantisme est aussi actif, aussi entreprenant que le catholicisme. Et c'est là ce qui donne à la question religieuse à Madagascar son type particulier. Le Gouvernement ne se trouve pas, comme presque partout ailleurs, en face d'une seule confession : la catholique, n'a pas à régler ses rapports avec cette seule confession pour solutionner la question religieuse ; il est obligé de compter encore avec les rivalités des deux confessions, avec leur

*caractère propre dans leurs rapports avec les indigè-
nes ou avec le Gouvernement. A Madagascar, les rapports des Eglises et de l'Etat sont complexes, parce que
chaque confession a des mœurs particulières. Il en
résulte que l'Etat, s'il ne veut pas favoriser le prosélytisme de l'une aux dépens de l'autre, s'il veut les
maintenir l'une et l'autre à la même distance de lui,
est très embarrassé. Les lois votées en France, pour
défendre le domaine civil, ont été dirigées contre l'ad-
versaire jugé le plus dangereux, parce que sa puissance
y éclipse toutes les concurrences : le catholicisme.
A Madagascar la situation n'est pas aussi simple ; le
protestantisme est aussi puissant que le catholicisme.
L'application des lois métropolitaines porterait un
coup terrible au catholicisme et à ses missions, le protestantisme n'en souffrirait pas, bien au contraire il
hériterait de la place abandonnée par le catholicisme.*

*Tandis qu'en France la question religieuse se borne
aux rapports de la société civile avec la société catholique, à Madagascar la question des rapports avec la
société protestante est aussi grave, plus grave peut-être,
et c'est ce qui nécessite pour Madagascar un régime
très différent de celui appliqué dans la Métropole ou
applicable à d'autres colonies.*

✳ ✳ ✳ ✳ ✳ ✳ ✳

La dévotion et les convictions religieuses des Malgaches. — Beaucoup de temples et d'églises. — Pas de religion.

Quand l'étranger arrive au centre de l'Ile, sur le plateau de l'Imerina, et surtout dans la région de Tananarive, il est frappé, après avoir traversé de véritables solitudes, d'abord par la densité de la population, le nombre des villages, l'animation des chemins et ensuite par le nombre extraordinaire de temples et d'églises qui se dressent à chaque détour de la route. Madagascar se révèle à lui comme un des pays les plus religieux du monde et si nous chiffrons, nous aussi, la quantité des édifices consacrés au culte, nous comprendrons son étonnement et son opinion sur la religiosité du pays.

Il existe *actuellement* dans la Grande Ile *3420* temples des diverses confessions.

En voici la liste :

Catholiques		1243
Protestants — Mission norvégienne	730	
London Missionary society	572	
Mission protestante française	514	
Friends Foreign Mission association	188	2137
Mission anglicane	85	
Mission américaine	37	
Tranozozoro (indigènes)	11	
Culte musulman		28
Culte bouddhique		11
Pagode chinoise		1
Total		3420

Laissons de côté l'islamisme, le bouddhisme en

dehors de nos préoccupations, pour l'instant, et constatons simplement que le christianisme célèbre les rites de ses différentes sectes dans *3380* églises ou temples.

La population de Madagascar étant de 2.800.000 habitants, cela fait un temple pour 828 habitants (en supposant tous les habitants convertis au christianisme). Les plus dévots pays d'Europe ne sont pas si bien desservis. Mais ce chiffre de 828 adhérents par temple dépasse de beaucoup la réalité, il est facile de l'établir.

Les 3.380 temples chrétiens ne sont pas répartis uniformément dans l'Ile, semés partout proportionnellement à la population. Les établissements religieux sont concentrés sur le plateau central. Les seules provinces de Tananarive, Itasy, Vakinankaratra, Ambositra, Fianarantsoa, Ankazobe, c'est-à-dire les provinces habitées par les Hovas et les Betsileos comptent 3145 temples ou églises ainsi répartis :

Provinces	Catholiques	Protestants
Tananarive.............	273	631
Itasy...................	85	189
Vakinankaratra........	208	225
Ambositra...	182	309
Fianarantsoa	451	495
District Ankazobe.....	9	88
Total......	1208 +	1937 = 3145

La population de ces provinces atteint au maximum 1.298.000 habitants, répartis entre les 3145 édifices consacrés aux cultes, c'est un temple pour 412 habitants.

Comme les habitants de ces provinces sont loin d'adhérer en totalité à un culte chrétien, la répartition des convertis, par chaque temple, se réduit, en réalité, à un chiffre bien inférieur.

Les missions ont dressé un dénombrement de leurs adhérents, ce dénombrement est certainement exagéré : chaque mission tenant à faire ressortir des résultats meilleurs que ceux de sa concurrente.

Les missions catholiques posséderaient 246.890 fidèles, les protestantes 444.850 ; ces convertis se partagent 3420 temples : il y a en moyenne 202 fidèles par église. Voilà certainement un pays très pieux !

Ces temples, avec leurs dépendances, logements pour les pasteurs, écoles, etc., ont été construits par les indigènes, et presque exclusivement à leurs frais. Nous verrons plus loin quels sacrifices ont été consentis par les fidèles. Y a-t-il une meilleure preuve de l'ardeur religieuse des Malgaches ? Et n'est-ce pas un fait presque unique que cette conversion d'un peuple aussi différent de nous, aux idées religieuses imaginées par notre race ? Depuis des siècles, les missionnaires s'efforcent de pénétrer la Chine, leurs efforts ont été stériles ; leurs entreprises contre l'Islam ont abouti à une faillite totale, comment se fait-il que les religions occidentales se soient si rapidement propagées dans la population de Madagascar ?

Remarquons de nouveau que les conversions n'ont jusqu'à présent porté que sur la population Hova et Betsileo. En dehors du plateau central, il n'existe que 235 temples chrétiens pour une population de 1.202.000 habitants : en acceptant les chiffres excessifs des missions, nous comptons à peine 50.000 convertis en dehors de l'Imerina et du Betsileo.

Est-il possible d'analyser les raisons de cette facile conversion des Malgaches du plateau central ? Et d'abord, s'agit-il bien d'une conversion ; les Hovas et les Betsileos ont-ils compris et s'ils ont compris, ont-ils réellement accepté le christianisme ? Leur adhésion aux formes extérieures du culte comporte-t-elle les modifications morales résultant de leur adaptation complète aux dogmes et aux préceptes chrétiens ? Un Hova, un Betsileo catholique ou protestant, pratique-t-il le même catholicisme le même protestantisme qu'un européen catholique ou protestant ?

Les missionnaires eux-mêmes si disposés à enfler les listes de leurs adhérents, si enclins à grossir le succès de leur œuvre, n'oseraient l'affirmer. Aussi bien, mieux que nous, ils savent que la religion des Malgaches est un simple vernis, qui disparaîtrait en quelques jours, si leurs efforts ne l'entretenaient sans cesse.

Quand, en 1896, la révolte se déchaîna sur le plateau de l'Emyrne, les Fahavalos, catholiques et protestants la veille, retournèrent, du coup, à leurs superstitions héréditaires. Ils oublièrent et Jésus et Marie, et se reprirent, comme s'ils ne l'avaient jamais négligé, à enduire leurs *ody* de miel ou de graisse, à sacrifier les poules noires sur les collines sacrées. Les « *mon père* » jésuites ou les pasteurs protestants durent, dans plus d'un village fuir leurs ouailles révoltées et céder la place aux ombiasy (sorciers) qu'ils avaient cru vaincre.

Si vous demandez à un missionnaire son opinion sur les causes de l'insurrection, et de cet oubli rapide de ses leçons, il répondra que l'insurrection a été déterminée par un accès de fanatisme religieux, conséquence d'un retour offensif des sorciers ; que le mouvement religieux a déterminé le mouvement politique ; que l'intérêt de la France est de voir la disparition des superstitions traditionnelles des Malgaches, et l'extension rapide de la religion chrétienne.

Aucun de ceux qui ont étudié la genèse des insurrections à Madagascar, n'acceptera cette explication à la fois simpliste et tendancieuse. Les insurrections à Madagascar n'ont jamais eu d'autres causes que des causes économiques ou politiques. Les populations ne se sont soulevées que parce qu'elles étaient pressurées et misérables. L'insurrection a été, chronologiquement et moralement le premier phénomène : le retour aux anciennes superstitions, l'abandon des dogmes et des rites nouveaux n'est venu qu'après.

Et rien ne montre mieux, précisément, combien superficielle, précaire est l'imprégnation chrétienne du cerveau malgache. Dès que l'indigène a pris la brousse, dès qu'il a perdu de vue la cloche ou la croix du temple, dès qu'il a échappé à l'influence morale et matérielle du missionnaire, tout le vernis chrétien dont était recouverte sa mentalité païenne se fond comme par enchantement, il retourne aux idées ancestrales.

N'est-ce pas une enfantine illusion que de penser que la conception religieuse d'une race peut s'imposer à une race différente ? Que les missionnaires se bercent d'une semblable illusion, c'est logique, puisqu'ils admettent que la religion chrétienne est d'origine supra-humaine, qu'elle doit s'imposer à tous les hommes, en vertu de cette origine.

Mais pour ceux qui ont renoncé à ces rêves, pour qui les religions sont des concepts d'origine humaine, l'échec des missionnaires est fatal. Chaque race a conçu des formes religieuses suivant sa physiologie, la nature de son intelligence. Vouloir vêtir le cerveau d'un malgache ou d'un soudanais des dogmes chrétiens, est tentative aussi vaine que de vouloir couvrir de fourrures les épaules des peuplades équatoriales.

Le Malgache n'a jamais rien compris aux abstractions quintessenciées du christianisme catholique ou réformé : il n'a pas le cerveau métaphysique. Doué de mémoire il récite, docile il accepte, mais il n'est point pénétré.

Je me suis entretenu avec des indigènes instruits parlant et écrivant très correctement le français, j'ai tenté de me rendre compte de leur psychologie religieuse. Certains connaissaient assez bien les dogmes fondamentaux, ils les exposaient, grâce à leur mémoire, mais il était facile de voir que tout cela n'était pour eux que des mots. A la conception du mystère ils restent invinciblement rebelles. Si le père, le missionnaire, ou l'évangéliste ne sont pas là pour les intimider, s'ils ont quelque confiance en vous, ils riront franchement comme d'une chose ridicule, du mystère de l'Incarnation. Ils ont compris et parce qu'ayant compris ils demeurent sceptiques.

L'inaptitude des Malgaches à s'adapter aux conceptions théologiques occidentales se révèle tous les jours sans qu'il soit besoin d'un événement bruyant comme une insurrection.

Il est bien peu de maison indigène, habitée par des chrétiens, dans laquelle ne se trouve un ody familial. Evidemment le culte rendu au fétiche n'est pas public, déclaré comme avant la conversion, mais il se continue très régulier. Au fond les indigènes, religieux, n'ont une confiance véritable que dans cette vieille superstition, elle survit à tous les enseignements. Les mêmes qui communient à la messe ou au prêche ont, le matin, soigneusement enduit de miel ou de graisse l'antique ody de la famille. Bien entendu, les missionnaires sont les seuls à l'ignorer, et seront les derniers à l'avouer.

Le christianisme montre son impuissance de façon plus évidente encore si nous étudions son influence morale sur les indigènes.

Les Malgaches ont accepté avec plaisir les fêtes et le spectacle de leurs pompes, ils sont demeurés fermés et indifférents aux dogmes incompris, ils ont rejeté purement et simplement une morale trop opposée à leur physiologie.

A Madagascar, je parle du pays hova et betsileo seul réellement évangélisé par les missionnaires, il existait, formulées spontanément par les gouvernements indigènes, des lois très sages, très précises, plaçant ce pays à un degré assez élevé de civilisation. Le code des 305 articles promulgué par Ranavalomanjaka II, le 29 mars 1881, en est le plus beau monument. Les missionnaires n'avaient point à enseigner aux Malgaches, le respect de la vie, le respect de la propriété, le respect des engagements commerciaux ou autres.

Ils auraient beaucoup à prendre pour l'édification des nations occidentales dans les coutumes constituant la famille, les droits de l'épouse, les droits de l'enfant, l'assistance des misérables.

A tout cela, la morale chrétienne ne pouvait rien ajouter, elle n'avait même rien à objecter. Les prêtres s'attaquèrent à la morale individuelle. Le Hova est sobre, n'a presque pas de penchant pour les boissons alcooliques. Actuellement à Tananarive, peuplé de 75.000 indigènes, la police ne dresse pas six contraventions pour ivresse par mois.... aux indigènes. Le code des 305 articles plus sévère que la loi française de 1871, punit d'une amende de 72 fr. tout individu trouvé en état d'ivresse.

La population est de mœurs douces, les rixes sont plus rares qu'en Europe. L'intervention des missionnaires, qui n'avaient pas à modifier la morale sociale, était bornée, dans la morale individuelle à l'unique question de la morale sexuelle.

Il est bien curieux de constater que la question sexuelle est la seule préoccupation de nos missionnaires européens. Catholiques et protestants rivalisent de zèle pour amener le monde à juger et à pratiquer, d'après leurs conceptions, les relations des sexes. Les protestants sont peut-être plus échauffés que les catholiques sur cette primordiale affaire.

A Madagascar, je le répète, le christianisme n'avait rien à redire aux lois concernant la propriété, la famille, mais les Malgaches n'aimaient pas d'après la formule chrétienne.

Missionnaires de toutes sectes se sont efforcés d'amener les indigènes à s'aimer, à s'épouser, à se demeurer fidèles comme..... à Londres ou comme à Rome.

Hélas ! le résultat a été médiocre.

La chronique scandaleuse de Madagascar vous dira que les écoles de jeunes filles tenues par les religieuses, sont la pépinière où s'élèvent les plus précieuses *ramatoa* destinées aux blancs, aux *vazaha* de marque. Les bonnes sœurs leur ont appris le catéchisme et la cuisine, le chapelet et le repassage, le credo et le français, la confession et la propreté ; catéchisme, chapelet, credo et confession sont recommandables évidemment, mais combien plus utiles pour l'avenir d'une jeune personne la cuisine, le repassage, le français et la propreté. C'est une chose connue que le meilleur moyen pour apprendre le Malgache est de choisir, comme..... professeur, une ancienne élève des bonnes sœurs. « Que voulez-vous, disait un évêque de Tananarive, elles font cela avec tant de naïveté ! » Ces catéchumènes n'abandonnent pas le temple ou l'église, parce que leur état de grâce est endommagé par leur fonction dans la maison du vazaha, elles y pénètrent le front à la fois haut et recueilli.

Les catholiques plus coulants sur ces questions de mœurs, ont assez bien pris la chose ; quelques pasteurs protestants ont voulu réagir. Ils ont, dans leurs prêches, stigmatisé la conduite des ramatoas, vivant en concubinage avec des blancs. Ils n'ont rien obtenu ; les familles des pécheresses se sont solidarisées avec elles, parfois leurs pères étaient des notables, membres du *fiangonana* (sorte de conseil de fabrique), le schisme menaçait.

Les pasteurs européens se sont de même vainement attaqués au divorce : un véritable schisme s'est produit dans un des temples de Tananarive parce que les pasteurs européens prétendaient excommunier un pasteur indigène qui avait divorcé. La presque unanimité des fidèles a suivi le pasteur indigène.

Les Malgaches comme pour montrer quelle importance foncière ils ajoutent aux idées religieuses changent de religion avec une extrême facilité. Entre le protestantisme et le christianisme les phénomènes d'osmose sont fréquents. Certains pasteurs indigènes ont été d'abord catholiques et élèves des frères des écoles chrétiennes ; des protestants deviennent catholiques, avec une égale facilité : les uns et les autres retournent parfois à leur confession primitive. Dans les familles aisées et habiles, sur deux fils l'un était baptisé catholique, l'autre protestant ! On s'assurait ainsi la protection des deux églises rivales.

II

LES MALGACHES ONT ÉTÉ FORCÉS DE SE CONVERTIR. —
LA PRESSION GOUVERNEMENTALE. — LA TYRANNIE DES
COLONS. — LA CORVÉE ET LES ENGAGEMENTS FICTIFS.
— NÉCESSITÉ D'ÊTRE AFFILIÉ A UNE MISSION, POUR
DEVENIR FONCTIONNAIRE.

Voilà, semble-t-il, deux faits contradictoires : des temples, des églises à profusion et une absence de tout véritable sentiment religieux.

Les faits ne seraient contradictoires que s'il était admis que le seul sentiment religieux, la seule conviction religieuse peuvent amener des conversions.

En Europe, si nous opérions un triage parmi ceux qui fréquentent les églises, combien serait imposant le nombre des fidèles sans foi, allant au temple par habitude, par genre, par intérêt !

Nos indigènes du plateau sont fanatiques de réunions, de discours, dans leur langue le mot kabary exprime l'assemblée dans laquelle on parle, tout se décide et mène par kabary. Ce peuple est éminemment sociable ; les Malgaches sont toujours par monts et par vaux allant se visiter les uns les autres, en aucun pays routes et chemins ne sont plus fréquentés.

Le Malgache est passionné pour tous les spectacles : pas un dimanche sans concours de chants ou de danses dans les chefs-lieux. Dès qu'une représentation publique est annoncée dans un centre quelconque : courses de chevaux, de bicyclettes, comice agricole, etc., par milliers et de distances considérables arrivent des spectateurs. Au théâtre de Tananarive une pièce *fran-*

çaise attire de nombreux assistants ne connaissant pas notre langue, mais s'intéressant simplement au jeu et s'efforçant de comprendre par la seule interprétation du jeu. Le temple, l'église, par le sermon ou le prêche (kabary), par la pompe de certains rites, et surtout par les chants et l'harmonium satisfont ce besoin impérieux de distraction. L'harmonium ! est le plus éloquent des missionnaires. La musique est plus puissante que l'Evangile. Remarquons que cet amour de la musique n'est pas l'attraction barbare de tous les primitifs par le bruit rythmé ; le Malgache est réellement musicien, devient facilement un bon exécutant, la musique des cérémonies religieuses satisfait chez lui un goût naturel et toujours en éveil.

Non seulement le Malgache aime entendre les discours, mais il aime les faire. Chaque village compte des orateurs, kabareurs ne perdant pas une occasion de développer leur éloquence pendant des heures, à toute occasion : discussions sur les corvées, les secours aux malades, etc., etc.

Le protestantisme a créé des évangélistes, des pasteurs indigènes, les temples réformés ne pouvant avoir chacun en raison de leur nombre un pasteur européen pour les desservir. Le culte est assuré le plus souvent par ces pasteurs indigènes qui déploient leur talent de kabareurs en commentant l'Ecriture : les notables prennent aussi la parole. Chez les catholiques la pompe rituelle, chez les protestants le prêche ou kabary religieux ; chez les uns et les autres les cantiques et l'harmonium jouent un rôle efficace dans la propagande. L'église, le temple sont pour les Malgaches des lieux d'assemblée et de plaisir comme au Moyen-Age, en Europe, les cathédrales étaient des lieux de réunion, les seuls dans lesquels le peuple primitif pût éprouver quelque sensation d'art et de beauté.

Un facteur plus puissant a déterminé les conversions : l'intérêt personnel qui s'est présenté aux indigènes sous des formes multiples.

Les habitants du plateau hova et betsileo sont essentiellement doux et craintifs. Ils n'ont spontanément aucune ambition autre que, c'est leur expression favorite, la vie douce. Ils sont disposés à tout pour réaliser cette vie douce ; ils s'adaptent facilement aux nouveautés, résistent tout juste par l'inertie ; la terre de Madagascar n'est pas fertile en palmes de martyrs.

Toute pression de l'autorité détermine la soumission, et il a suffi que l'autorité, le fanjakana tout puissant à une époque quelconque, manifestât le désir de voir les Malgaches se convertir pour que les conversions se réalisent.

Si les Hova et les Betsileo ont construit tant de temples et d'églises c'est uniquement parce qu'ils ont obéi à des pressions gouvernementales directes ou indirectes.

Pendant les dernières années de son indépendance le gouvernement malgache jouait un jeu de bascule entre l'influence anglaise et l'influence française. A partir de 1869, il parut incliner vers l'Angleterre ; à cette époque la reine se convertit bruyamment au protestantisme, fit construire un temple dans l'enceinte de son rova et brûler les idoles. Il n'en fallut pas davantage pour provoquer parmi les Hova de nombreuses conversions : la religion adoptée par la reine était celle que propageaient et la mode et l'intérêt. Puis, quand, après 1895, le protectorat d'abord, puis la domination de la France furent établis, il parut aux Hova que la religion agréable au Fanjakana n'était plus le protestantisme d'origine anglaise, mais le catholicisme d'importation française.

La politique fut le plus puissant auxiliaire des missionnaires. Aujourd'hui encore, dans plus d'un village, protestant est synonyme d'anglais, catholique de français. Les autorités françaises, en s'installant à Madagascar, crurent voir des adversaires dans les missionnaires anglais, des alliés dans les jésuites cosmopolites.

Sous le gouvernement hova toutes les faveurs allaient aux missions réformées, les autorités françaises accordèrent une partiale bienveillance aux églises catholiques.

La rivalité des deux confessions fut ardente, et leur apostolat d'autant plus efficace que les Malgaches furent souvent forcés, par leurs intérêts matériels, de s'affilier à l'une ou à l'autre.

On se fait difficilement, en France, une idée exacte de l'influence, de l'action qu'eut l'européen, le blanc, le vazaha, jusqu'à ces toutes dernières années, sur les populations indigènes.

Au lendemain de la conquête, après la répression de la rébellion, le vazaha arriva partout en maître, s'appropriant ce qui lui semblait désirable, commandant, ordonnant, disposant de l'indigène. Le Malgache, pour échapper à la tyrannie de certains de ces conquérants, n'avait que deux ressources : prendre la brousse ou devenir le client d'un autre vazaha. Prendre la brousse, extrémité sans attraits pour le Hova ami du repos et craignant les coups. Mieux valait opposer vazaha à vazaha et choisir pour maître celui qui semblait à la fois le moins exigeant pour ses indigènes, et le plus puissant pour se les garder contre les convoitises d'autrui.

Protestants ou catholiques les missionnaires parurent, et à juste titre, les protecteurs les moins durs. Ils demandaient peu de travail d'autant qu'ils le payaient aisément en enseignement spirituel et que le labeur réparti sur le nombre était léger pour chaque individu. Leur moralité, je le proclame hautement, était d'ailleurs d'une supériorité incomparable à la moralité de la plupart des européens laïques.

L'indigène savait d'autre part que le missionnaire avait l'autorité nécessaire pour le défendre, et contre les exigences des particuliers et même contre celles de l'administration.

Les missions étaient des puissances ; anglaises, elles

pouvaient parler avec cette assurance que transportent dans le monde entier les sujets de la Grande Bretagne, françaises elles exposaient au gouvernement que l'œuvre catholique était une œuvre nationale et toujours, par crainte ou sympathie, elles étaient écoutées.

Plus tard, vint un moment où le Malgache fut presque forcé de se donner à un Européen. La corvée sévissait sur la population occupée, toute entière, à des travaux publics. Toute entière non, puisque les règlements édictaient une dispense en faveur des indigènes ayant contracté un *engagement de travail* (de 1 à 5 ans) *avec un Européen*. Les conversions se multiplièrent. Chaque mission avait besoin de travailleurs pour bâtir des temples, des écoles, et aussi pour cultiver les rizières avoisinant le temple ou l'église, car, par un phénomène bien singulier, partout la prédication avait à la fois rempli les édifices cultuels et arrondi des champs à leurs environs. Les indigènes avaient une horreur justifiée pour la corvée qui les éloignait pendant des mois de leurs villages, ou, après des travaux pénibles, ils revenaient malades et ruinés. Cette horreur était si profonde qu'elle engendra à l'usage et au bénéfice des colons, une industrie, celle des contrats fictifs. Un vazaha, qui souvent ne possédait que quelques hectares concédés, avait, à son service, plusieurs centaines d'engagés. De ces engagés aucun ne travaillait jamais pour le colon sans terre, mais tous lui payaient un tribut, 5 francs par an en général, pour posséder, signé par lui, l'engagement de travail talisman indispensable et victorieux contre la corvée.

Les missions eurent des milliers d'engagés, le Malgache qui s'était converti par obéissance au fanjakana, par influence politique, pour avoir la protection de la mission, se convertit bien plus volontiers encore pour éviter la corvée.

Jusqu'à l'arrivée de M. Augagneur, au Gouvernement général, les conversions furent obligatoires, dans la classe la plus élevée des indigènes, pour une autre cause. Le Hova a le goût du fonctionnarisme aussi développé au moins que le Français. Depuis l'annexion de Madagascar, à la France, une instruction *européenne* est devenue nécessaire pour faire partie de l'administration.

L'enseignement avait été organisé de façon à rendre indispensable l'affiliation du futur fonctionnaire indigène, à une mission.

Le Gouvernement général avait fondé à Tananarive des écoles supérieures destinées à la préparation de ses agents : école de médecine, école normale pour les instituteurs, école administrative pour les gouverneurs et les interprètes. Mais par un oubli, trop visible pour n'être pas intentionnel, le gouvernement n'avait établi aucune école élémentaire sérieuse pour assurer le recrutement de ses écoles supérieures.

On accédait à ces écoles, c'est-à-dire aux fonctions administratives, par un concours ouvert à tous. Or, la préparation à ce concours n'était donnée que dans les écoles de mission : l'organisation d'un enseignement officiel ayant été à peine et fort mal ébauchée.

C'était donc la conversion forcée pour tout malgache désirant être médecin, instituteur ou gouverneur (1).

De ces considérations, la conclusion s'impose. Le Malgache s'est converti sous l'influence de la crainte ou de l'intérêt, sa conversion n'est pas le résultat d'une conviction intellectuelle, d'une modification morale, elle lui a été imposée comme une sorte de rançon.

Nous sommes donc bien libres de discuter les me-

---

(1) On conçoit les inconvénients de ce recrutement confessionnel des fonctionnaires indigènes. M. Augagneur dès son arrivée a décidé que les candidats aux écoles supéri-ures devraient avoir fait leurs études dans les écoles officielles réorganisées, pour assurer une préparation suffisante.

sures qui nous sembleraient utiles à l'égard des missions ; si, pour des considérations politiques inspirées par le désir de sauvegarder les droits de la France, le gouvernement était amené à restreindre la liberté d'action laissée aux missionnaires, ces derniers seraient malvenus de protester au nom de la liberté de conscience. La liberté de conscience est un droit pour l'apostolat du missionnaire, mais la liberté de conscience est un droit aussi pour l'évangélisé. Quand ce dernier est amené à la conversion non pas par conviction raisonnée, mais par la contrainte matérielle le missionnaire abuse de son droit, la liberté de conscience des Malgaches n'a jamais été respectée.

III

LA FORTUNE DES MISSIONS. — L'EXPLOITATION DE L'IN-
DIGÈNE SOURCE DE CETTE FORTUNE. — LES MISSIONS
N'ONT RÉALISÉ AUCUNE ENTREPRISE UTILE DE COLONI-
SATION. — ACTION DÉMORALISANTE SUR LES INDIGÈNES
DÉTOURNÉS DU TRAVAIL. — LE GOUVERNEMENT POUR-
VOYEUR DES MISSIONS.

Une âme religieuse éprouverait quelque désappoin-
tement à constater, avec nous, que si les missions ont
conquis de nombreux clients, elles ont convaincu bien
peu de véritables adeptes. Dans l'œuvre des missions
il est une partie d'ordre plus temporelle que spirituelle;
que vaut cette œuvre temporelle ?

A tout prendre c'est la plus intéressante pour un
gouvernement colonial. L'action des missionnaires peut
aboutir à une faillite morale, mais à des succès matériels. A défaut d'œuvre religieuse véritable, les missionnaires ont peut-être fait œuvre de colons c'est cette
œuvre que je vais essayer de caractériser.

Une première constatation s'impose : les missions
sont propriétaires d'un important domaine, dont voici
le détail :

Missions Catholiques

	Immeubles	Terrains Superficie	Valeur
Compagnie de Jésus..	289	1.443 hect.	896.000
Pères du Saint-Esprit.	31	199 »	300.000
Lazaristes..........	54	50 »	472.000
Pères de la Salette...	41	173 »	80.000
Frères de la doctrine chrétienne.........	7	6.165 »	271.000
Sœurs de St-Joseph de Cluny.............	8	30 »	70.000
Filles de Marie.......	1	10 »	10.000
Franciscaines........	1	10 »	10.000
Total......	432	8.080	2.109.000

Missions Protestantes

	Immeubles	Terrains Superficie		Valeur
Mission protestante française	76	138 hect.		187.000
London Missionary society.............	53	44	»	288.000
Friends foreign mission association....	35	3	»	98.000
Mission anglicane....	92	76	»	439.000
Mission luthérienne de Norwège et d'Amérique.............	185	164	»	800.000
Total......	441	425		1.812.000

Les missions chrétiennes se sont donc constitué une propriété immobilière représentée par 873 maisons ou édifices quelconques, par 8.505 hectares, le tout correspondant à une valeur approchée de 4 millions de francs. Je dis valeur approchée parce que cette estimation est certainement au dessous de la vérité, les missions étant véritables propriétaires de nombreux immeubles attribués à des Fidéïcommis. J'ai la conviction que la valeur des biens appartenant aux missions doit être au moins doublée.

Comment s'est constituée cette propriété qui apparaîtra véritablement *considérable* si l'on *réfléchit* qu'elle est presque tout entière située sur le plateau central de Madagascar, et qu'étant donné le peu de valeur de la propriété immobilière, son importance fait, des missionnaires, les plus grands propriétaires de la colonie. Les missionnaires ont constitué leur domaine par divers moyens, les sacrifices personnels des missions ont eu dans l'entreprise, la part la moins importante.

Une partie du domaine religieux fut formée par les générosités du gouvernement. La royauté hova avait attribué des terrains à certains missionnaires anglais et français ; depuis 1895, le gouvernement français a donné de vaste concessions aux missions catholiques. Les jésuites, les frères des écoles chrétiennes, les lazaristes ont principalement bénéficié de ces concessions ; les congréganistes furent des colons privilégiés.

Mais la principale source des richesses de la mission c'est la contribution de l'indigène. Cette contribution revêt des formes diverses. Sa forme la plus constante c'est la quête : les milliers de temples de l'Imerina et du Betsileo ne servent pas seulement à répandre la parole de Dieu mais surtout à recueillir le tribut des hommes. Toute église catholique ou protestante est un bureau de perception. L'administration a évalué dans un district très évangélisé quelle part revenait aux missions, quelle part revenait aux indigènes dans les dépenses de construction des immeubles consacrés au culte ou servant d'écoles. Des bâtiments estimés à 754.544 francs avaient coûté 112.491 francs aux missions et 642.053 francs aux indigènes. Et les sommes souscrites par les missions ne viennent pas entièrement d'Europe, la plus grosse part est fournie par des réserves prélevées sur le pays, notamment sur les revenus des propriétés immobilières constituées déjà presque en entier par les indigènes ou par les concessions du gouvernement.

Quand la mission ne bénéficie pas de la part des indigènes d'une contribution en espèce, elle tire parti de leur travail. Pour les missions, la main-d'œuvre a été toujours gratuite. En Imerina, dans le Betsileo, l'indigène travaille gratuitement par docilité, par acceptation d'un marché dans lequel il échangeait son labeur, contre les bienfaits moraux à lui apportés par le missionnaire. Il travaillait surtout gratuitement parce que le père ou le pasteur, en compensation de quelques journées consacrées à la mission lui donnait le fameux certificat d'engagement, grâce auquel il échappait à la prestation et aux corvées.

Enfin, dans plus d'un district, si l'influence morale du missionnaire ne suffisait pas à persuader l'indigène de donner son temps et ses bras, l'autorité administrative intervenait, faisait travailler d'autorité pour les missions : j'en fournirai plus loin des exemples.

La prospérité des missions à Madagascar nous apparait d'origine assez peu respectable, elle ne découle pas du travail de ceux qui la détiennent, mais des sacrifices imposés parfois par la force ; obtenus par l'habile utilisation de certains règlements ou demi-consentis grâce à l'influence moitié religieuse moitié matérielle du missionnaire.

Peu importe l'origine, le mode et constitution de la propriété religieuse (car il ne faut jamais être trop curieux des origines de la propriété), si cette propriété est un élément utile de colonisation, de développement industriel agricole ou commercial.

Ce rôle utile de colonisation, les missionnaires ne l'ont pas tenu, ils n'ont apporté aucune industrie dans l'île, ils n'ont introduit ou perfectionné aucune culture. Depuis trois ans seulement, les Frères des écoles chrétiennes ont fondé, sur les terrains concédés par la Colonie, une exploitation agricole d'une certaine importance mais dont les résultats sont encore indécis. Les missions, les plus riches propriétaires immobiliers de l'île sont loin d'avoir développé un effort comparable à celui des colons laïques. Ils ont fait travailler les indigènes, à la mode indigène, sans payer de leur personne même sous forme de conseils. Nulle part, à Madagascar, les congrégations ou missions n'ont entrepris ou réussi des entreprises comparables à celles des trappistes de Staouéli ou de la Nouvelle-Calédonie. Les églises possèdent des rizières, des champs de manioc ou de maïs : rizières et champs sont cultivés gratuitement par les fidèles : la récolte, ni pire ni meilleure que celle des indigènes voisins appartient à la mission : c'est du parasitisme pur.

A Tamatave, les jésuites sont détenteurs de vastes terrains urbains, ils les louent à haut prix. C'est de la spéculation pure, ne présentant aucun élément d'intérêt général.

La constitution et l'exploitation de la propriété religieuse à Madagascar a eu, en fait, de très fâcheux résultats ; elle a beaucoup contribué à éloigner la main-d'œuvre des entreprises réellement utiles au développement de la colonie.

A Madagascar, la main-d'œuvre est insuffisante par définition, en raison du peu de densité d'une population, qui vivant sans peine des ressources d'un vaste territoire, n'est pas aiguillonnée par le besoin, n'éprouve pas la nécessité de travailler pour se procurer des ressources. Les entreprises agricoles et industrielles se sont heurtées, dans la recherche de la main-d'œuvre, non seulement à cette difficulté primordiale et prévue, mais elles ont dû compter avec la concurrence du gouvernement et des missions.

Le gouvernement employa pendant de longues années la réquisition, la corvée pour assurer l'exécution des travaux publics.

Les milliers d'hommes employés à ces travaux étaient enlevés aux entreprises des colons qui firent entendre des plaintes persistantes et énergiques. Le gouvernement, pour leur donner satisfaction, exempta des corvées les indigènes munis d'un engagement de travail avec un maître européen.

Des colons, les uns employaient réellement la main-d'œuvre nécessaire à leurs exploitations *réelles*, les autres vécurent peu ou prou de la vente d'engagements fictifs à des indigènes qui se rachetaient ainsi de la corvée. Certaines missions tirèrent un tribut en espèce de leurs fidèles transformés en engagés, toutes, même celles qui ne demandaient que du travail, eurent un nombre excessif d'ouvriers.

Le plus souvent les choses se passaient ainsi : le missionnaire délivrait des certificats d'engagement à *tous* les fidèles du village, de plusieurs villages même, qui les lui demandaient. Quand l'engagé ne payait pas en espèce le précieux papier il le payait en nature, et pour cultiver les quelques hectares de rizière de la mission, pour recouvrir le temple, le missionnaire disposait d'un nombre d'engagés cent fois plus considérable qu'il n'était nécessaire. Cette surabondance de la main-d'œuvre satisfaisait et le missionnaire et les indigènes : le missionnaire parce qu'il pouvait ainsi, ne demandant à chacun qu'un effort infime, une journée par semaine à peine, s'assurer des services gratuits ; l'indigène parce que son indolence native s'accommodait de ce contrat de travail si peu pénible en comparaison de la corvée redoutée.

Et les conversions affluaient !

Ce système a profondément démoralisé l'indigène ; la mission au lieu d'enseigner à ses fidèles le goût et la dignité du travail a développé leur tendance naturelle à la paresse ; elle leur a donné le moyen facile d'échapper à la prestation, elle a soustrait une énorme quantité de main-d'œuvre aux entreprises réellement utiles. Les missions, en faisant de la paresse un puissant moyen de prosélytisme, ont nui au développement économique de Madagascar, elles ont détourné les indigènes du travail régulier. En ne rémunérant pas les services rendus par les fidèles, elles n'ont pas peu contribué, si faible qu'ait été l'effort exigé par elles à rendre l'indigène défiant à l'endroit du patron mauvais payeur et par un corollaire fatal, mauvais travailleur n'en donnant à son employeur que pour son argent.

Tous les colons sérieux de Madagascar considèrent l'œuvre des missions comme néfaste en ce qu'elle a immobilisé les indigènes dans leur inertie et enlevé à l'activité européenne le concours indispensable des travailleurs.

L'exploitation de l'indigène par les missions a revêtu parfois un autre caractère : la main-d'œuvre gratuite n'a pas été obtenue par une habile et peu scrupuleuse utilisation des lois et règlements mais par la force. Le bras séculier a été, à Madagascar, mis plus d'une fois au service des missionnaires. Lors du mouvement insurrectionnel de 1904-1905, les Lazaristes de Ranomafana, dans le cercle de Fort-Dauphin durent fuir en hâte devant les révoltés, leurs établissements furent incendiés. Les indigènes vengeaient un grief vieux de deux ans ; pendant des mois ils avaient dû travailler gratuitement ou pour des salaires dérisoires, à la construction de la mission, aller à plusieurs jours de marche chercher du bois dans les forêts. L'autorité militaire avait imposé ces travaux comme s'ils eussent été d'utilité générale. Les Lazaristes n'ont pu depuis lors relever leur mission, est-ce parce que l'opération eût été plus coûteuse que la première fois ? Trouvent-ils les populations insuffisamment malléables ?

En somme, sur le plateau central, là où habitent des populations douces, point belliqueuses, faciles à opprimer et relativement riches, grâce à leur densité et à leur civilisation plus avancée, les missions ont multiplié leurs établissements, se sont enrichies en exploitant la main-d'œuvre gratuite par les procédés indiqués plus haut. Dans ce pays, les missions ont vécu en parasites, ne créant aucune industrie, n'apportant aucun progrès. Par contre, elles ont, par l'accaparement de la main-d'œuvre, par l'encouragement à la paresse, fait une désastreuse concurrence aux colons véritables.

En dehors du plateau central, là où les populations sont plus barbares, plus violentes, moins faciles à conduire, les missions trouvant le pays dangereux et de peu de rapport ont à peine ébauché des tentatives d'établissement. Et là où elles l'ont tenté, l'intervention de l'autorité militaire forçant les populations à travailler pour les missionnaires, nous a fait des ennemis de ces populations.

L'œuvre *coloniale* des missions est une faillite tout aussi bien que leur œuvre morale.

IV

En France, les défenseurs des missionnaires font grandement état des établissements d'instruction publique, d'assistance aux malheureux créés, soit aux Colonies, soit en pays étrangers. Certes le dogme peut s'implanter malaisément dans l'intelligence des évangélistes, ou s'y déformer déplorablement, certes, les missionnaires, complètement dominés par les préoccupations morales peuvent être de médiocres agriculteurs, d'insuffisants industriels, mais ils reprennent une éclatante supériorité, quand on considère avec quel inlassable dévouement ils s'efforcent d'être utiles à leurs barbares clients, par les écoles, les dispensaires, les hôpitaux.

Une mission, c'est partout un îlot de bonté, de charité au milieu de l'océan déchaîné des brutalités primitives. Voyons comment les missionnaires ont à Madagascar rempli ce programme classique des œuvres religieuses.

Un examen superficiel des statistiques publiées par les missions fait croire à un effort extraordinaire dans le but de vulgariser l'instruction. Ces statistiques fournies par les missions en 1904, établiraient qu'elles entretenaient à Madagascar, 3.250 écoles, fréquentées par plus de 156.000 élèves. Depuis cette époque, les chiffres, vérifiés par le Gouvernement, se sont un peu abaissés, plus de 300 écoles annoncées par les missions sont introuvables.

Il faut commencer par éliminer, comme n'ayant aucun rapport avec un enseignement véritable 2.596 établissements recevant, toujours d'après les missions, 139.000 élèves. C'est ce que les missions appellent les écoles d'églises. Les 2.596 écoles d'églises sont aux écoles véritables, ce qu'est le catéchisme à un établissement d'instruction. Un évangéliste, un catéchiste lit aux enfants l'évangile, le catéchisme ou la bible, leur apprend des cantiques et c'est tout. A cette instruction religieuse ne s'ajoute aucun enseignement véritable : dans la presque totalité de ces établissements, pas un élève ne sait lire ou compter. — Ce ne sont pas des écoles, ce sont des garderies, et elles ne rendent aucun service appréciable. Dominé par le désir de multiplier les catéchumènes, les missions conservent dans les écoles d'églises des individus avancés en âge, enchantés de demeurer assis à l'ombre du temple, bercés par la mélodie nasillarde des cantiques, et de laisser à d'autres la fatigue du travail dans l'humidité brûlante des rizières. Mais bien plus souvent encore les écoles d'églises n'existent que sur le papier ; et, en temps normal, le nombre des présents est insignifiant par rapport à celui des inscrits.

Les rapports des autorités administratives de Madagascar sont unanimes, les écoles d'églises sont un pur trompe-l'œil, ne sont pas utiles à l'enseignement, parce que personne ne s'y trouve ni pour enseigner ni pour être enseigné.

Au point de vue plus particulièrement français, il faut indiquer que des 2596 écoles d'églises il n'en est pas dix, dont le maître connaisse la langue française. Le professeur est un indigène dont l'instruction religieuse a été souvent dirigée par des missionnaires non français. 1603 écoles d'églises, auxquelles sont inscrits 69.000 élèves, appartiennent à la London Missionary Society, à la mission norvégienne, à la mission anglicane, à la Friends Foreign mission association. La moitié des élèves des écoles d'églises est donc élevée par des indigènes instruits eux-mêmes par des étrangers. Certes, je ne prétends pas porter le moindre doute sur le loyalisme des missionnaires étrangers à Madagascar, de ce loyalisme je témoigne franchement, et je déclare même qu'à certains moments, en paraissant le mettre en doute, le Gouvernement local commettait une grave erreur. Mais il n'en est pas moins vrai, que les idées inspirées à un indigène, par l'enseignement d'un autre indigène formé lui-même par des missionnaires anglo-saxons, doivent être singulièrement différentes de celles que nous français, avec notre génie propre, notre idéal d'une société civile aréligieuse sinon irréligieuse, devons inculquer à nos sujets.

Les écoles d'églises n'ont rien à faire, je le répète, avec l'enseignement, ce sont uniquement des moyens de prosélytisme, et le but du Gouvernement doit être leur disparition.

Restent 266 écoles reconnues, auxquelles sont inscrits 23.000 élèves environ. Ces écoles reconnues se rapprochent plus ou moins des conditions nécessaires pour paraître des établissements d'enseignement, correspondent à des types variés : collèges pour enfants européens, écoles indigènes primaires et supérieures, internats de jeunes gens ou de jeunes filles, écoles professionnelles et agricoles, etc., etc.

Une école à Madagascar ne renferme pas seulement des enfants, mais dès qu'elle distribue un enseignement un peu élevé, elle est peuplée d'adultes. Ils y vivent en ménage, et sont surtout nombreux dans des écoles possédant des sections agricoles et industrielles.

En réalité, ces sections professionnelles n'ont rien de commun avec l'enseignement. Les sections agricoles procurent à la mission le moyen de faire cultiver gratuitement ses rizières, ses champs ; industrielles, ce sont des ateliers où se fabriquent divers objets vendus aux européens ; là, ateliers de blanchissage et de repassage, de lingerie, de broderie, de dentelles ; ailleurs, fabriques de meubles, d'outils, etc. Le produit de ces industries revient aux missions.

Si nous éliminons du cadre de l'enseignement ces entreprises commerciales, si nous en enlevons aussi les collèges d'évangélistes, pépinières de catéchistes ou de pasteurs, le nombre des élèves recevant un enseignement réel est assez restreint, et il se restreint de plus en plus.

Les missions n'ont jamais fait de sacrifices importants en vue de l'enseignement. Depuis notre établissement à Madagascar, jusqu'en 1904, c'est-à-dire pendant huit années, les écoles des missions ont été largement subventionnées par la Colonie. Elles ont reçu plusieurs centaines de mille francs, en espèces, à titre de subvention et, en nature, des terres et même des bâtiments.

D'autre part, les constructions d'écoles ont été, à de rares exceptions près, exécutées par les indigènes fournissant gratuitement matériaux et main d'œuvre. En ajoutant la valeur des subventions prélevées sur les fidèles, à celle des subventions en espèces et nature payées par la Colonie, nous nous apercevons que les missions ont été très économes de leurs deniers personnels, que ce serait naïveté de parler de leurs sacrifices.

Et depuis qu'une organisation d'enseignement officiel a été ébauchée à Madagascar, l'effort des missions s'est singulièrement ralenti en ce qui touche l'enseignement. Les missions n'ont pas comblé, par leurs sacrifices personnels, le déficit causé dans leurs ressources, par la suppression des subventions gouvernementales. Elles ont fermé, au contraire, un certain nombre de leurs écoles.

Et dès que des arrêtés récents astreignirent les directeurs des écoles libres à la production de certaines garanties de capacité, d'autres écoles disparurent encore. Si le gouvernement de Madagascar donne à l'enseignement officiel une impulsion énergique, si en même temps, sa politique générale ne confère plus comme jadis, aux missions, une autorité morale les constituant des dépendances du fanjakana, l'enseignement des missions aura vécu. L'utilité des missions dans le domaine de l'enseignement a été insignifiant dans le passé, il sera nul dans l'avenir.

Mais les œuvres de bienfaisance? les hôpitaux, les orphelinats, les asiles? tout cet ensemble d'institutions charitables qui paraissent aux yeux même de certains adversaires, le réduit central du christianisme, l'incomparable rempart derrière lequel il peut défendre sa beauté et son utilité sociale?

Le bilan des œuvres charitables, instituées par les missions sur la terre malgache, sera vite dressé.

Actuellement, il n'existe dans l'île aucune œuvre d'assistance sérieuse due à la seule initiative des missions. Les lazaristes ont, il est vrai, une léproserie à Farafangana, les jésuites une autre léproserie à Fianarantsoa, les missionnaires norvégiens possèdent également des léproseries : une à Antsirabe, l'autre à Fianarantsoa. *Toutes ces léproseries vivent des subventions de la Colonie* (je fais exception pour celle des jésuites de Fianarantsoa contenant un nombre infime de malades) *et ne subsisteraient pas sans ces subventions.* La Colonie suivant les régions paye par année 40 ou 60 francs pour chacun des individus, dont elle provoque l'internement. Or, les neuf dixièmes au moins des malades internés dans les léproseries tenues par les missions, y vivent aux frais de la Colonie.

Comme le prix de pension est suffisamment élevé, que tous les travaux intérieurs, toutes les constructions sont exécutés par les lépreux eux-mêmes, la mission peut aisément se donner le luxe d'ouvrir gratuitement son asile à quelques malades choisis par elle. En réalité, cette charité ne lui coûte rien ; le bénéfice moral lui en est acquis en entier, la charge en est assumée par la Colonie.

Ces léproseries d'église sont en général très mal tenues. A Antsirabe, les norvégiens ne font suivre aucun traitement à leurs malades ; la malpropreté est effrayante. On raconte que le Gouverneur Général après une visite à la léproserie, au cours de laquelle il avait pénétré dans les cases des internés, touché les vêtements des malades et les malades eux-mêmes, manifesta le désir de se laver les mains ; on ne put trouver dans la léproserie, ni une cuvette, ni un morceau de savon, ni même de l'eau. Les lépreux sont là pour faire leur salut en traînant une vie misérable, il ne s'agit point de les guérir. Pour obtenir qu'un médecin fût attaché à la léproserie, la colonie dut menacer de retirer sa subvention. Etant donné le rôle joué par le médecin, c'était la mission qui était logique.

A Farafangana, la léproserie catholique des lazaristes a connu l'an dernier des jours sombres. Une sourde irritation se manifesta parmi les malades recrutés dans les provinces voisines, parmi des populations moins endurantes que celles du plateau central. Une nuit, les lépreux sortirent silencieusement de leurs cases, munis d'angagys, d'outils divers, et, en masse, se précipitèrent vers le tombeau d'une religieuse morte quelques temps avant. Le tombeau fut ouvert, le squelette mis en pièces, ses fragments dispersés.

La dispersion des restes d'un mort a, chez les malgaches, une signification symbolique : elle assure dans leur esprit, le prochain départ de ceux qui touchaient au défunt par leur parenté ou leur nationalité.

Les lazaristes attribuèrent la révolte à la haine des sorciers pour les ministres de Dieu, à des causes politiques, etc. A dire vrai, les lépreux s'étaient soulevés trouvant trop dur le travail auquel ils étaient astreints.

Dans une léproserie appartenant à la Colonie et laïcisée récemment, l'œuvre charitable des missions prenait forme singulière. Six religieuses, payées chacune 1.200 francs par année, étaient censées desservir l'établissement. En fait, elles ne s'en occupaient que de loin. Ces aristocratiques filles de Dieu s'étaient logées à 500 mètres du plus proche village lépreux, sur une hauteur entourée d'un mur d'enceinte, les isolant complètement des êtres objet de leur charitable sollicitude.

Les religieuses ne pansaient *jamais* un lépreux, laissant toute la responsabilité des soins et de la surveillance, à un médecin et des infirmiers indigènes. Une fois par jour, deux d'entre elles descendaient jusqu'à la léproserie après s'être revêtues, dans un local spécial, d'un vêtement de dessus et de gants, préservant de toute contamination. Après une promenade dans les villages, elles remontaient se dévêtir.

Les villages lépreux étaient constitués par des cases misérables ; et alors que le budget ne pouvait en assurer la réparation, il devait pourvoir à la construction de la *maison des religieuses* véritable palais, par comparaison, avec oratoire, salon de réception, buanderie, salle de bain, etc., le tout avait coûté plus de 30.000 francs.

La léproserie a été laïcisée. Le palais des religieuses est devenu la résidence de l'Administrateur chef de district. Les six religieuses coûtant 7.200 francs, ont été remplacées par un directeur laïque à 4.000 francs et qui habite un humble appartement en contact direct avec l'établissement qu'il dirige. C'est un ancien sous-officier de gendarmerie, qui n'ayant pas de prétention au dévouement peut se contenter de peu, et a assuré à ses pensionnaires, une tenue, une propreté tranchant avec la sordidité d'antan.

Les religieuses n'ont d'ailleurs pas quitté la contrée; elles se sont retirées, chez elles, dans un orphelinat qu'elles avaient fondé à l'aide des économies réalisées pendant la gestion de la léproserie.

La laïcisation des léproseries appartenant à la Colonie est chose faite : elle va la poursuivre là où ses subventions entretiennent les léproseries privées. Mais d'ores et déjà le rôle des missions est en réalité nul dans l'assistance des lépreux ; et là où sans en assumer la charge financière, les missions en détiennent la direction, les léproseries sont si mal tenues que leur laïcisation s'impose.

En dehors des léproseries que découvrirons-nous comme œuvre d'assistance par les missions? D'hôpitaux, point. Avant l'annexion, les anglais possédaient un hôpital à Tananarive, il a été acquis par la Colonie et n'a point été remplacé. Nulle part ailleurs n'existe une institution hospitalière digne de ce nom. Tout au plus, dans cet ordre d'idées, rencontrons-nous çà et là, quelques salles de consultation, dans lesquelles des missionnaires anglais le plus souvent, munis d'un diplôme médical anglais, et exerçant à l'abri du droit acquis avant la promulgation des lois réglementant l'exercice de la médecine, donnent des consultations et quelques médicaments.

Certaines missions ont ouvert des orphelinats, où elles reçoivent des indigènes et principalement des métis. Le nombre des enfants recueillis ne dépasse pas la centaine pour l'île entière. L'orphelinat était d'ailleurs la dernière œuvre d'assistance à introduire à Madagascar. L'enfant abandonné y est une rareté, en raison de la forte constitution de la famille et de l'amour des enfants, caractéristique de la race. L'orphelinat nulle part ne répondait à une nécessité, pour le peupler, il a fallu provoquer les entrées, ouvrir les portes toutes grandes.

Les missions prisent fort les orphelinats. Les pupilles, sans famille, perdent tout contact avec la population indigène, nulle influence extérieure ne vient contrebalancer celle de la mission ; ce sont là catéchumènes de choix.

L'influence de l'orphelinat est nulle, jusqu'ici, en

raison de l'insignifiance du nombre des enfants recueillis. Si les pupilles des missions se multipliaient, les orphelinats deviendraient un danger et un danger grave. Je ne crois pas qu'il soit utile, et encore moins moral d'apprendre aux indigènes que les enfants orphelins peuvent trouver asile ailleurs que dans leur famille proche ou éloignée, ailleurs que dans leur village d'origine. Les coutumes indigènes assuraient la subsistance des enfants sans parents, toujours adoptés par les membres de leur famille, par les étrangers ou par le *fokon' olona*, ensemble des habitants du village. Ce n'est certes pas un progrès moral que de provoquer par l'ouverture d'orphelinats racolant littéralement des pupilles, l'abandon de mœurs généreuses.

L'orphelinat s'il devenait plus fréquenté présenterait un autre danger : il poserait bientôt, dans toute sa plénitude, la question des métis.

Les métis sont les principaux clients des orphelinats. Une mère, en l'absence d'un père européen désintéressé de sa paternité, abandonne plus volontiers un enfant qui ne tient à sa race que par elle-même ; si la mère vient à manquer le métis se trouve réellement sans famille et doit compter sur la pitié bien plus que sur des droits. Le métis pénètre donc plus volontiers dans l'orphelinat que l'indigène : il y est aussi reçu plus volontiers. C'est l'assisté de choix parce que l'imprégnation indigène ne pourra pas dans l'avenir, agir sur cet isolé, comme sur un autochtone retrouvant sinon sa famille, au moins son village, ceux qui connurent jadis les siens. Quand le métis sortira de l'orphelinat il ne pourra se replonger dans la population indigène avec laquelle il n'aura d'autre lien qu'une mère inconnue, dont il aura été séparé par son éducation, sa religion, ses habitudes.

Et comme malgré cette éducation presque européenne, le métis ne pénétrera jamais dans la société européenne, si son père n'impose pas son admission, l'orphelinat aura constitué cette classe métis, insolente pour l'indigène à laquelle elle se croit supérieure, jalouse de l'européen auquel elle ne peut s'égaler, honnie de l'indigène pour qui elle a une dureté de parvenu pour d'anciens égaux, méprisée de l'européen qui derrière ce mépris dissimule l'embarras moral que lui cause la présence du métis, abandonné, abandon qui fut une mauvaise action de quelqu'un de sa race.

Il ne faut à aucun prix laisser constituer une classe de métis ; le métis est un fait physiologique, ce ne doit point être un fait social. Nous ne devons pas rechercher dans l'aspect physique d'un être, quels furent ses ascendants, pour lui conférer une dénomination, un statut différents de sa dénomination ou de son statut légal. Tout enfant reconnu par un européen, est un européen, quelle que soit sa couleur ; tout enfant né de mère indigène, non reconnu par un européen est indigène. Les orphelinats agissent en opposition avec ce principe absolu, ils pourraient être un grave danger.

V

Les missions sont inutiles, ne sont-elles pas dange-
reuses ? — Le tranozozoro et l'éthiopianisme. —
Dangers du protestantisme au point de vue de
l'autorité de la France sur les indigènes. —
Comment se constitue une église indigène. —
Intrigues politiques et religion.

L'utilité de l'œuvre des missions paraît donc fort
mince, peut-on dire d'elles que si elles ne sont pas
bienfaisantes elles ne sont pas nuisibles? J'ai le regret
de conclure négativement. Et avant d'exposer en quoi
l'œuvre des missions est dangereuse, je tiens à rendre
hommage à la conviction profonde, à la dignité, au
désintéressement personnel de la plupart des missionnaires. Presque tous sont des gens intelligents, probes,
estimables à tous égards : ces remarquables qualités
sont malheureusement mises aveuglément au service
de doctrines, dont l'application est un danger réel pour
l'avenir de notre colonie.

En quoi les missions sont-elles un péril ? Je laisse
hors du débat ce que j'appellerai les questions secon-
daires bien que parfois elles soient assez graves. C'est
ainsi que je n'insisterai pas sur les sacrifices financiers,
les travaux imposés aux indigènes par certaines missions. La lourde charge ainsi infligée, et que soucieuses
de leurs principes d'humanité les missions devraient
épargner à leurs fidèles, n'est pas seulement un acte
d'exploitation, c'est un acte impolitique. Au début de
la conquête surtout, les indigènes ne distinguaient pas
entre Vazaha ; tous étaient pour eux membres du Fanjakana. Ils confondaient avec l'impôt ou la prestation

exigée par le Gouvernement, l'argent ou le travail fournis à la mission. En réalité l'impôt réel perçu par l'Européen sur l'indigène était bien plus élevé que celui inscrit sur les rôles officiels par le Gouvernement; l'indigène avait réuni l'Eglise et l'Etat. Nous pouvons dire que les plaintes des Malgaches contre l'impôt, contre la corvée, étaient suscitées, en proportion considérable, par l'aggravation de charges que leur imposait l'Eglise. Et l'Eglise, nous l'avons vu, entretenait soigneusement l'équivoque, désireuse de faire croire à son accord avec le Gouvernement. Aussi, bien souvent, les révoltes ont eu, pour cause, comme dans le Cercle de Fort-Dauphin, les exactions des missions.

Je n'insiste pas non plus sur l'ingérence des missions dans l'Administration, sur leur prétention souvent affichée, de constituer des communautés spéciales, traitant avec le Gouvernement, en tant que communauté distincte. Il suffit d'un gouvernement résolument laïque pour faire justice de ces prétentions.

J'ai hâte d'arriver à un autre ordre d'idées, que personne n'a peut-être encore envisagé, mais qui, à mon avis, est d'importance souveraine dans la question religieuse à Madagascar.

En 1903, une secte protestante se constitua et prit le nom de *Tranozozoro*. Le *Tranozozoro* n'avait rien de spécial, d'original au point de vue dogmatique ; sa physionomie lui venait de ce que tous parmi ses membres, pasteurs, fidèles, étaient indigènes. La nouvelle secte s'était séparée de la *London Missionary Society*, et proclamée indépendante de toute influence européenne. A l'instar des missions blanches, l'église noire ouvrit une école dans son temple d'Ambatonakanga.

Cette secte indigène trouva d'emblée la protection du Gouvernement, l'école fut inaugurée solennellement en présence du Gouverneur Général et d'une suite nombreuse et choisie.

Il est à supposer que le Gouvernement, en approuvant les dissidents était heureux de jouer un mauvais

tour à la London Missionary Society et aux protestants
en général, qu'il tenait très injustement en défiance.
Comme à l'habitude, de très courte vue il n'avait pas,
dans sa protection ouvertement donnée au Tranozozoro,
cherché autre chose que la mince satisfaction de favoriser un schisme désagréable aux anglais, aux réformés,
et sujet de réjouissances pour les missions catholiques.

En France, quelques personnes furent plus pers-
picaces.

Un écrivain protestant de grand talent, M. Raoul
Allier, s'était occupé avec une attention soutenue de
tout ce qui touchait l'enseignement à Madagascar. Au
cours d'un de ses articles du *Siècle* (14 Août 1904) inti-
tulé : *Ethiopianisme*, il montra combien la conduite
du Gouvernement Général, protecteur du Tranozozoro
était imprudente. Son argumentation est si forte que
je ne peux mieux faire que d'en citer *in extenso* les
passages les plus frappants.

RAOUL ALLIER

—

L'ENSEIGNEMENT PRIMAIRE DES INDIGÈNES
A MADAGASCAR (1)

—

Pages 115 et suivantes

L'ETHIOPIANISME
(Extraits)

—

. . . .

« Le *Tranozozoro* doit bénéficier du droit commun,
et il doit en bénéficier de la façon la plus complète.
Mais, en lui accordant autre chose, l'Administration ne
sortirait pas seulement de la neutralité. Elle commettrait une faute politique dont les conséquences ne
seraient peut-être pas visibles immédiatement, mais
qui se paierait un jour fort cher.

____

(1) Cahier de la Quinzaine, 4e Série. — 13 nov. 1904.

« Il ne faut encourager aucun mouvement qui soit inspiré par l'idée de race. Le *Tranozozoro* n'est que trop accessible à cette idée. Quand il s'agit de juger les gens et d'apprécier leur conduite, il regarde plus à la couleur de la peau qu'à autre chose. Il tend à vivre de la défiance à l'égard des Européens. Il développe cette défiance, il la nourrit, il la systématise. Il n'y a pas de raison pour qu'il la réserve à une catégorie de blancs et qu'il ne la dirige jamais contre une autre, contre ceux qui veulent leur maintien sous le « statut indigène », contre ceux qui fixent les impôts pour la race taillable et corvéable.

« On trouverait ingénieux de disloquer des Eglises où Malgaches et Européens vivent en bonne intelligence. On verrait là un bon tour joué à des Européens dont on ne partage pas les croyances. Et sous l'hypnotisme de cette jolie farce à faire, on ne distinguerait pas que le développement du *Tranozozoro* serait le meilleur moyen de faire naître et d'organiser une sorte de patriotisme malgache, un patriotisme à forme ecclésiastique. Les rancunes auraient un centre de polarisation. C'est ainsi que, très souvent, dans l'histoire, les consciences nationales ont commencé de se former. Mais les chefs de bureau qui provoquent les événements ne voient pas bien loin, en général; et les événements ne leur demandent pas la permission de produire leurs conséquences.

« Ce qui se passe dans l'Afrique australe devrait nous mettre en éveil. Là aussi, exactement dans les mêmes conditions qu'à Madagascar, des dissidences se sont produites, et fréquemment pour des motifs disciplinaires. Au début, — il y a une vingtaine d'années, — on ne s'en est pas soucié. Puis, peu à peu, le mouvement est devenu ce que l'on appelle l'Ethiopianisme. Il a intéressé d'abord ceux qui consacrent une attention spéciale aux questions religieuses et, finalement, ceux qui se préoccupent surtout des problèmes politiques.

« Dans une première période, les « Ethiopiens » se

sont bornés à revendiquer pour les noirs la direction exclusive de leurs Eglises. Il fallait, avant tout, évincer ces blancs qui prétendaient faire leur éducation : « Les Eglises noires aux noirs ! » Et ce mot d'ordre, colporté par un noir d'Amérique, Turner, et par un noir d'Afrique, Dwane, a retenti sur les points les plus divers, du Cap au Zambèze. Il n'y a pas une mission qui n'ait vu poindre parmi ses fidèles, d'ailleurs dans des proportions infiniment variables, l'Ethiopianisme.

« Ce mouvement devait prendre tôt ou tard une tournure sociale. Ses initiateurs insistaient sur la noblesse de la race, qui était devenue majeure, qui n'avait plus besoin d'être conseillée par des étrangers d'une autre couleur. Cet orgueil ethnique a paru d'abord trouver sa satisfaction dans les dissidences ecclésiastiques qu'il a causées. Il a été ensuite redoublé par elles. Dans cette Afrique australe, où les nationalités indigènes ont été brisées, la conscience noire avait découvert soudain un moyen de se cristalliser et de se réorganiser.

« Et voici que, tout à coup, l'on constate qu'il pourrait bien se cacher dans tout cela un danger politique. Auparavant, personne ne parlait de l'Ethiopianisme. C'était un sujet réservé aux personnes qui trouvent que tous les phénomènes humains sont intéressants à étudier, même les phénomènes religieux. Du jour où l'on a vu par les faits la portée que ce mouvement risquait d'avoir, les journaux anglais ont été remplis d'articles sur ce sujet. Depuis deux mois, ils ont découvert l'Ethiopianisme, — qui, pourtant, menait grand bruit depuis 1896. — On annonce maintenant que l'Ethiopianisme, — qui a cette fois pour mot d'ordre : « L'Afrique aux Africains », — sera sans doute ce qui réconciliera un jour là-bas, contre la race noire, la race anglo-saxonne et la race hollandaise.

. . . .

« L'Ethiopianisme malgache n'existe pas, à proprement parler. Une administration qui tendrait sous main à le créer commettrait une faute impardonnable. Elle ferait une œuvre mauvaise, une œuvre antifrançaise. »

Je partage complètement l'avis de M. Allier. Créer une église malgache serait une œuvre mauvaise, une œuvre anti-française. Et par une conséquence logique, il faut nous opposer de tout notre pouvoir à la création d'une église malgache. Or, et c'est là que M. Allier refusera probablement de me suivre, mais je le prie de réfléchir avant de me contredire, *le prosélytisme protestant va directement, logiquement, fatalement à la création d'une église malgache.*

Et je reviens au préambule de cette étude, à savoir que la question religieuse, à Madagascar, se pose tout autrement qu'ailleurs, parce que nous y sommes en face des éventualités politiques résultant de l'adhésion réalisée ou possible d'une partie de la population au protestantisme.

Si devant la science il n'y a qu'une question religieuse, en politique, il y a autant de questions religieuses que de religions différentes.

En France, si philosophiquement, le grand mouvement de libre-pensée et d'indépendance civile, qui a abouti à l'ensemble des lois votées ces dernières années, relatives aux rapports des Eglises et de l'Etat, visait toutes les formes de religions, il ne s'adressait pratiquement, politiquement, qu'à l'Eglise catholique.

En regardant le fonds des choses, leur genèse réelle, le mouvement anti-clérical en France, fut bien plus l'explosion d'un sentiment national, j'allais dire nationaliste, que la manifestation froidement raisonnée d'une libre-pensée philosophique.

La masse populaire ne voulait point tant d'une émancipation intellectuelle et morale dont pour elle l'importance restait vague, qu'échapper au gouvernement des curés. Le gouvernement des curés impopulaire déjà par tout ce qu'il rappelait, synthétisant les tyrannies légendaires de l'ancien régime, devint intolérable le jour où fut révélée aux masses, par la propagande des libre-penseurs, la dépendance morale et politique du clergé à l'égard de Rome. Une question de dignité nationale se posa. Le peuple ne vit plus seulement dans le curé un représentant d'un passé détesté mais aussi le représentant d'une autorité, le délégué d'un pouvoir étrangers.

Et cette conception est tellement l'expression de la réalité que la séparation de l'Eglise et de l'Etat toujours ajournée, malgré la propagande des libre-penseurs, malgré que les chefs du parti et du Gouvernement y fussent convertis personnellement dès longtemps, ne parut réalisable que le jour où la question de dignité patriotique fut posée par la circulaire du cardinal Merry del Val aux Puissances, à l'occasion du voyage du Président de la République en Italie.

La séparation des Eglises et de l'Etat a été déterminée uniquement parce que l'Eglise catholique n'était pas une Eglise nationale ; ce n'est que par logique philosophique, sans motif politique, que la séparation fut étendue aux églises protestantes ou juives ; à qui leur indépendance dogmatique et disciplinaire permet d'être nationales.

En France, la nécessité de l'unité de la nation condamne toute confession religieuse, prenant, nécessairement, de par sa constitution, ses inspirations hors de France ; le catholicisme y est dangereux, le protestantisme ne l'est pas. En est-il de même à Madagascar ?

En France, ceux qui, religieux, croient à l'utilité d'une Eglise, la veulent nationale, et parmi les catholiques les plus croyants, le patriotisme a constamment fait surgir des adversaires de l'ultramontanisme.

Au nom de l'intérêt de la patrie, la même idée générale doit nous inspirer aux colonies ; s'il doit exister des églises aux colonies, ces églises doivent être *nationales françaises*, ne pouvoir jamais devenir *nationales indigènes*, cela pour éviter les périls d'un éthiopianisme malgache, si bien indiqués par M. Allier.

Et c'est au nom de cet intérêt national français qu'il nous faut insister sur les dangers à Madagascar de la propagande protestante.

Je crains bien que M. ALLIER n'ait, en voyant dans la seule protection du gouvernement sur le *Tranozozoro*, l'avènement possible d'une église malgache, aperçu la question sous un angle trop aigu et oublié que dans le Sud-Africain, l'éthiopianisme, s'est développé sans l'intervention gouvernementale, par l'évolution spontanée des églises fondées par les missionnaires européens.

Par son absence de discipline doctrinale, par son absence de hiérarchie, le protestantisme crée fatalement des églises nationales et créera fatalement des églises indigènes.

Comparons ses procédés à ceux du catholicisme, à l'égard des indigènes qu'il aura convertis. Jamais une église catholique indigène ne pourra s'établir. En raison des conditions qu'ils exigent pour l'ordination, les évêques catholiques instituent peu de prêtres indigènes, si d'ailleurs un prêtre indigène tentait de constituer une paroisse indépendante, l'événement n'aurait aucune conséquence. Comme dans l'église catholique le dogme et la discipline vont de pair, sont l'un et l'autre indiscutables, le prêtre dissident serait retranché de l'Eglise, et livré à lui-même sans lendemain, parce qu'il ne pourrait faire souche, l'ordination étant réservée aux évêques, de prêtres semblables à lui. L'Eglise catholique présente dans les colonies les mêmes dangers que dans la Métropole, elle a sa politique à elle qui n'est pas forcément française, mais sa politique restera toujours une politique européenne, une politique de blancs au milieu de noirs ou de jaunes.

Il en va tout autrement du protestantisme. Tandis que dans le catholicisme, le clergé, c'est-à-dire la partie agissante de l'Eglise, reste fatalement européenne, et maintient, par la rigidité du dogme et de la discipline, tous les fidèles sous sa domination, dans le protestantisme, l'influence du missionnaire européen peut disparaître, alors qu'au point de vue religieux le nombre des fidèles augmente. Par logique avec eux-mêmes, par leur désir d'étendre la surface de leur prosélytisme, les pasteurs protestants ont institué et instituent de nombreux pasteurs indigènes.

Quel moyen peut employer le pasteur européen, pour s'opposer aux dissidences des pasteurs indigènes? Sa seule influence morale. Si la dissidence a pour cause une divergence dans le dogme, il n'a aucune excommunication capable de faire triompher son interprétation ; le libre examen est un droit, le pasteur indigène dissident aura créé une secte de plus, s'il ne peut invoquer l'autorité d'une secte déjà existante. La séparation s'opère-t-elle sur une question de discipline intérieure ? Là encore, le pasteur européen est désarmé, il ne peut faire qu'une chose : se séparer matériellement des dissidents, les faire sortir de son temple, ou en construire un nouveau ; c'est une simple liquidation de biens.

Et le pasteur indigène dissident pourra instituer d'autres pasteurs ; bientôt l'Eglise indépendante pourra posséder plus d'adhérents, *tous chrétiens pour les pasteurs Européens*, que la souche européenne d'où elle s'est séparée. Et c'est ainsi que normalement, par la simple application du principe réformé, les convertis indigènes pourront échapper, tout en restant chrétiens, à toute influence des pasteurs européens.

L'Eglise catholique n'est nationale, au point de vue français ni en France, ni à Madagascar, elle reste toujours européenne, l'Eglise protestante est nationale en France, elle est *nationale indigène* ou visera à être *nationale indigène* à Madagascar. L'Ethiopianisme ne s'est pas constitué dans le Sud-Africain par un mécanisme autre que celui que je viens d'indiquer.

On dira, ces craintes peuvent être logiques, mais elles sont lointaines. Peut-être même ne se réaliseront-elles jamais ; dans le Sud-Africain vit une race guer-

rière, énergique, les Malgaches sont moins redou-
tables.

Les conséquences redoutées s'annoncent déjà par
des manifestations indéniables, et l'unité créée par une
église nationale peut nous être dangereuse autrement
que par l'insurrection.

Les missionnaires avec qui on s'entretient de ces
éventualités les repoussent comme des rêveries ; ils
sont certains de leur ascendant sur leurs ouailles.

Quelques faits devaient cependant ébranler leur
confiance. La dissidence du *Tranozozoro*, qu'elle ait
été ou non encouragée par le Gouvernement, fut, au
fonds, déterminée par le désir de constituer une Eglise
indigène, indépendante des missionnaires européens.
Le *Tranozozoro*, c'était la résurrection de l'église
nationale instituée sous Ranavalo III, par Rainilaiari-
vony. La Reine avait son temple, son pasteur indigène :
le *Tranozozoro* dirigé par le Gouverneur Rasanjy,
n'était qu'un prolongement de cette église.

Depuis un an la discorde règne dans plusieurs
temples de Tananarive, un schisme vient de se produire entre les fidèles dépendant de la mission protestante française, dans le temple d'Ambohitantely. Le
Gouvernement, cette fois, s'est bien gardé d'inter-
venir. D'un côté un pasteur indigène et ses tenants, de
l'autre les pasteurs français ; les indigènes annoncent
qu'ils ne veulent plus dépendre des pasteurs européens.

Et dans le même temps que nous constatons ces
velléités d'indépendance des protestants malgaches,
dans le domaine religieux, nous voyons apparaître les
premières manifestations d'un esprit religieux indigène
tout prêt à déborder du domaine religieux sur le
domaine politique et social.

Le Gouvernement Général appliquant une réglementation déjà ancienne, a rappelé, au commencement
de 1906, aux Administrateurs qu'aucun lieu de culte ne
pouvait s'ouvrir sans autorisation. Dans la province de

Vakinankaratra, à deux journées de Tananarive, des pasteurs indigènes demandent, pétitions à la main, l'autorisation d'ouvrir des temples. Des églises de toutes confessions existent dans tous les villages ; les habitants, signataires des pétitions, consultés secrètement, avouent qu'ils n'ont osé refuser leur signature sollicitée par les pasteurs, gens influents, mais qu'ils ne souhaitent nullement les voir agréer, la construction et le fonctionnement des églises leur annonçant des charges nouvelles. L'Administration refuse les autorisations demandées.

Les pasteurs indigènes ne se soumettent pas et organisent des réunions publiques de culte, dans des maisons particulières. L'Administration les poursuit, ils sont condamnés. Le jour où ils doivent subir leur condamnation, ils organisent une manifestation, se font accompagner par une troupe de femmes chantant des cantiques, on eut dit une scène d'inventaire.

L'Administration en référa au pasteur européen, chef de la mission, ce dernier répondit officiellement, *qu'il avait vainement essayé d'empêcher une manifestation qu'il désapprouvait.*

Nous avons vu les protestants indigènes se séparer de leurs pasteurs, nous les voyons, malgré ces pasteurs, alors qu'ils demeurent encore sous leur dépendance spirituelle, s'insurger malgré leur avis, contre les lois politiques du pays, au nom de leurs convictions religieuses.

Je demande à M. Allier, n'est-ce pas là du pur ethiopianisme ? En me retournant vers les chefs des missions protestantes, je leur dis : Voici des indigènes qui s'insurgent contre une réglementation faite par nous français, ces indigènes sont vos élèves spirituels, avez-vous dans votre doctrine, dans vos dogmes, dans votre discipline un moyen dans le cas où vous les désapprouveriez, de leur imposer votre manière de voir, au nom de cette doctrine, de ce dogme, de cette discipline ? Vous me répondrez que vous n'en avez aucun,

que ce sont des chrétiens libres de leur pensée religieuse. Et quand les missionnaires m'auront répondu
cela, je leur dirai : Si le conflit peut naître, même malgré votre sentiment, entre le gouvernement français et
les indigènes groupés par l'idée religieuse que vous leur
avez inculquée, motivé par cette foi religieuse, ne vous
sentez-vous pas responsables ? Si cette responsabilité
peut être légère aux missionnaires anglais, norvégiens,
américains ne doit-elle pas préoccuper quelque peu les
âmes françaises de pasteurs français?

Faits isolés, dira-t-on. Sur le plateau central, en
pays hova, nous pouvons avoir la certitude que ces
faits se répéteront parce que le mouvement religieux
protestant sert facilement de paravent à un mouvement
politique.

Dans l'église catholique, le fidèle est un sujet du
clergé ; dans l'église, dans les cérémonies, il n'est jamais que spectateur, il écoute en silence la parole du
prédicateur : entre le missionnaire et le fidèle la distance est toujours grande.

Dans les missions protestantes le fidèle peut devenir pasteur, égal moralement du missionnaire européen,
supérieur moralement des autres indigènes. Les temples protestants sont devenus trop nombreux pour que
la direction du missionnaire ne soit pas lointaine ; en
fait, dans beaucoup, l'autorité spirituelle appartient aux
pasteurs indigènes, l'autorité matérielle aux notables
chefs du fiangonana. Dans le temple protestant tous
peuvent lire la Bible, la commenter, tenir kabary religieux. Et peu à peu par les sermons, dans le temple,
par les discussions, dans le fiangonana, des indigènes
sont mis en relief, prennent de l'autorité.

La conquête française a lésé gravement et impru-
demment, peut-être, les intérêts des classes dirigeantes,
à l'époque de la monarchie hova. Seigneurs féodaux,
officiers du palais, officiers de l'armée, gouverneurs
de provinces, chefs de cantons, tous ceux qui formaient
le gouvernement et l'aristocratie ont perdu, ceux-ci

leurs fortunes par les confiscations et la suppression de l'esclavage, ceux-là des places, des fonctions, des honneurs.

Ces déshérités ont rapidement vu quel parti tirer des églises protestantes. Plus instruits, plus habiles au kabary, d'esprit plus délié que le reste de la population, ils se sont mis en relief, dans les assemblées religieuses, et tentent partout de prendre la direction du fiangonana. Dépouillés de leur influence administrative et politique, ils tentent de compenser cette perte par la conquête de l'influence morale dans la communauté religieuse. Ils espèrent bien que lorsqu'ils tiendront leurs compatriotes sous leur influence au dedans des temples, cette influence pourra franchir les limites de l'édifice et s'étendre, au dehors, dans le domaine politique et social.

Déjà quelques-uns l'ont tenté.

Voici ce qui, tout récemment, s'est passé dans la province d'Ankazobe.

Dans un village, le temple protestant est desservi par un pasteur, ancien chef hova, fort hostile à la France, entouré de notables dans le même esprit. Le village, au point de vue administration civile, est l'ensemble du fokon'olona c'est-à-dire des habitants réguliers du village ; par extension, le fokon'olona signifie le pouvoir administratif du village, le conseil municipal, si l'on veut, dont seraient membres tous les habitants. Le fokon'olona a le droit de rejeter ceux de ses membres qu'il juge indignes de lui appartenir : les voleurs, les vagabonds, ceux qui manquent à des coutumes particulièrement vénérées. Le fokon'olona use du rejet pour se défendre contre des individus antisociaux, soit parce qu'intolérables pour le fokon'olona soit que par leurs agissements au dehors ils engagent sa responsabilité.

A X..., province d'Ankazobe, les fidèles décidèrent un jour de se cotiser pour offrir un repas à des fidèles d'un temple voisin dont la visite était annoncée. Un habitant du village refusa de souscrire.

Sur la proposition du pasteur et des notables, les fidèles réunis dans le temple décidèrent d'expulser le
récalcitrant du *fokon'olona*. L'administration intervint,
le pasteur fut puni, l'expulsé réintégré, mais l'histoire
n'est elle pas significative ?

En face du gouverneur représentant l'administration
se dresse peu à peu, grâce au temple protestant, une
autre autorité. Et tandis que le gouverneur laisse, sans
s'en occuper, fonctionner librement la vie religieuse,
l'autorité religieuse, elle, tâche d'empiéter sur les attri-
butions de l'administration temporelle.

Ne nous y trompons pas. Il n'y a pas là seulement
un exemple nouveau d'intolérance religieuse ; mais une
tentative d'utilisation du groupement religieux dans un
but politique prochain, et en vue d'une action immédiate sur l'administration, c'est une manifestation du
désir éprouvé par d'anciens chefs d'employer leur situation de dirigeants religieux pour redevenir des dirigeants
politiques.

VI

Le fait de l'indigénisme religieux est évident, non moins certaine est son évolution vers l'indigénisme politique. L'histoire de l'éthiopianisme nous éclairerait à défaut des faits significatifs que je viens de citer et que je pourrais multiplier. La question se pose nettement ainsi : Devons-nous favoriser l'éclosion et le développement de cet esprit ?

Si j'étais missionnaire, ou simplement un croyant, si je plaçais au-dessus de tout, le salut des âmes, je ne considérerais que le succès de mon prosélytisme, que le nombre croissant des adhésions à ma foi. Humanitaire théoricien, je proclamerais hautement que toutes les races sont égales, que le droit pour les Malgaches de s'unir, de s'entendre, de reconquérir leur indépendance, est absolu, qu'il est injuste de leur résister, de les maintenir dans la sujétion, que les pasteurs protestants, en leur fournissant un moyen d'affranchissement accomplissent une œuvre méritoire et devant la religion et devant la justice.

Et je continuerais à prêcher, à convertir, à conférencier jusqu'au jour où ouailles et disciples auraient assez profité de mes leçons pour me prier de regagner l'Europe.

Les hommes d'Etat ne peuvent voir aussi absolu,

aussi simple que les philosophes ou les prêtres; en voyant moins simple, ils voient plus juste.

Pour la France, se trouver en face d'un groupement indigène hostile, saisissant toutes les occasions de réclamer les droits de l'égalité des races, serait une gêne quotidienne, et si ces revendications triomphaient ce serait un accident fâcheux pour la France, ce serait un désastre pour les indigènes de Madagascar.

En luttant contre le prosélytisme religieux, je fais acte de civilisation et je défends les intérêts véritables de l'indigène. Les missionnaires et les philosophes humanitaires, si toute liberté leur était laissée, nuiraient à l'évolution des indigènes vers la civilisation.

Entre les missionnaires et nous, la divergence des vues est absolue. Je ne crois nullement à l'action civilisatrice des religions. La civilisation est fille des progrès industriels et scientifiques, issue des changements économiques déterminés par ces progrès. Une race peut concevoir une religion d'ordre philosophique élevé, elle restera l'inférieure des races à religion plus vulgaire, mais arrivées à un développement scientifique et par corollaire matériel plus marqué.

Le bouddhisme est philosophiquement l'égal au moins du christianisme. Les chrétiens ont une civilisation supérieure, parce qu'indépendamment de leur religion, malgré cette religion, ils eurent la fortune d'un développement scientifique inconnu aux autres races.

Quand la religion chrétienne s'impose à une race, sans que parallèlement ou antérieurement se soit développé, par une évolution plus ou moins rapide, l'esprit social, né du progrès matériel, propre aux nations européennes, on obtient Haïti, une parodie des sociétés et des états européens.

S'imaginer que la religion civilise, c'est raisonner en dépit de l'histoire. Le catholicisme a dominé le moyen-âge, l'a imprégné sans discussion, où donc était la civilisation au moyen-âge ? Malgré le christianisme incontesté, malgré le christianisme maître des lois et des peuples, la société est restée, dans le domaine intellectuel, ignorante, et misérable dans le domaine économique.

Pendant la longue période qui s'étend de la chute de l'empire d'Occident à la Renaissance, l'unanimité des hommes croyait fermement, redoutait l'enfer, aspirait au ciel, se confessait, communiait, pratiquait l'abstinence et le jeûne. Et cependant des gibets se dressaient dans toutes les villes, les jacques brûlaient châteaux et monastères, seigneurs ou abbés pendaient les jacques, le baron guerroyait avec le comte, le prêtre brûlait les hérétiques, Jean Sans Peur assassinait le duc d'Orléans, Louis XI se faisait absoudre de ses crimes projetés.

Un peu de douceur n'est apparue dans les mœurs, ébauche de civilisation, que quand se sont constitués les intérêts collectifs, dont les communes furent la première forme. La civilisation est fille de la solidarité, elle s'organise sur les ruines de l'individualisme. La solidarité s'établit par la nécessité de l'effort commun, aboutissant à l'intérêt commun. La science, l'industrie science appliquée, sont les plus puissants constructeurs de ces agrégations humaines, réunissant les familles, puis les villes, les provinces, les nations.

Quand une doctrine religieuse est semée dans un peuple demeuré en retard jusque là par insuffisance de développement intellectuel et matériel, la religion ne le transforme pas au point de l'élever au niveau de ses initiateurs, parce qu'à elle seule elle est incapable de faire passer, par un saut brusque, une société, de la barbarie à la civilisation.

Le protestantisme, par son absence de dogmatisme, par sa souplesse, est le type d'une religion plastique, s'adaptant aux conditions sociales et politiques successives, par lesquelles se manifeste le progrès. Le protestantisme ne détermine pas, mais il ne gêne pas l'évolution et il l'accepte. Tandis que dans les pays catholiques, la rupture théoriquement fatale est pratiquement réalisée entre la religion et les hommes ou les partis de progrès ; dans les pays protestants les partis les plus avancés comptent des hommes ayant conservé des liens étroits avec leur confession religieuse. En France, ne voyons-nous pas certains protestants pratiquants être députés de la gauche avancée ?

En réalité, le protestantisme, nulle part, n'a formé une société, mais chaque société a formé un protestantisme.

La religion reformée, prèchée à des races barbares, n'en fera pas des civilisés, il y aura un protestantisme de plus, à type barbare, tel l'éthiopianisme.   .

Et dès que les pasteurs européens disparaîtraient soit volontairement, soit rejetés par des églises indigènes prétendant à l'indépendance, le protestantisme se défigurerait, perdrait ses traits européens, pour prendre physionomie malgache.

Permettre par l'organisation de la prédication qu'il se constitue un protestantisme indigène avant que les indigènes soient socialement arrivés à une mentalité qui leur donne le droit intellectuel et moral d'être des convertis conscients, c'est faire œuvre aussi dangereuse, au point de vue de la civilisation, que de donner immédiatement à tous les indigènes, la totalité des droits civils, polifiques des citoyens français.

Certes, nous prévoyons qu'un jour les indigènes de nos colonies jouiront de tous leurs droits de français. Provisoirement nous les maintenons dans un état spécial, comme en France, toutes les femmes et tous les hommes mineurs de 21 ans, à l'endroit des droits civils et électoraux, tous les hommes mineurs de 25 ans à l'endroit de l'éligibilité politique, et de certaines fonctions, tous les mineurs de 40 ans à l'égard de l'éligibilité au Sénat. De même que pour accorder aux femmes l'exercice de tous les droits appartenant aux français mâles et majeurs, nous attendons que le progrès social, intellectuel, moral de la généralité des femmes nous garantisse contre les aventures issues de l'usage prématuré de ces droits, nous attendrons, nous devons attendre et dans notre intérêt et dans le leur, que nos sujets indigènes aient évolué suffisamment, dans leur généralité, dans le sens de notre propre état.

Et je le répète, avec insistance, comme les indigènes ne comprennent, ne peuvent comprendre les idées religieuses, les dogmes, la discipline, ainsi que les conçoivent les européens, ils auront une tendance fatale à se constituer en église indépendante. Cette église, sur le terrain politique, pourra être inquiétante pour le pouvoir civil ; sur le terrain religieux elle détruira, en la déformant étrangement, l'œuvre à laquelle missionnaires et missions auront consacré leur temps, leur activité et leurs vies.

Le Gouvernement n'a aucun intérêt au développement de la christianisation des malgaches, au contraire. Il ne peut, bien entendu, songer à des mesures restrictives de la liberté des européens, quelle que soit son opinion sur l'utilité ou les dangers de leur apostolat. Donc, liberté entière laissée aux européens dans leur œuvre de prosélytisme, accomplie avec leurs seules ressources, sans participation aucune du Gouvernement.

Par contre, pour les indigènes, la liberté ne peut être aussi complète. J'écarte d'emblée, toute discussion théorique sur la liberté de conscience. En fait, nous avons vu, au cours de cette étude, comment les missions avaient respecté la liberté de conscience des indigènes. Quand un homme instruit, rompu à la discussion affirme des faits à un enfant, ou à un barbare, la liberté de conscience de l'enfant ou du barbare n'est pas le moins du monde respectée. Il y a domination d'une faiblesse par une force supérieure.

La liberté de conscience ne commence qu'avec la faculté de comparer et de juger. Ces facultés n'existent pas chez l'indigène enseigné par le missionnaire.

Le gouvernement de Madagascar a le droit de ne pas se laisser constituer une église indigène, c'est-à-dire des prêtres indigènes. En ce faisant, il rendra le plus grand service aux missions, menacées tôt ou tard dans leur existence par la constitution de cette église indigène.

Je sais que plus d'un pasteur, parmi les français, partage cette crainte. Ils voient peu à peu leur influence décroître avec l'étendue de leur domaine, ils sentent que beaucoup de leurs fidèles n'ont qu'une valeur statistique, qu'ailleurs les pasteurs indigènes commencent à tirer de leur côté. Mais il faut bien soutenir la lutte contre le catholicisme et les autres églises protestantes. Chacun plante autant de drapeaux qu'il peut pour affirmer l'étendue de ses possessions, sa prédominance sur les concurrents. Et comme le personnel européen est clairsemé, la nécessité s'impose d'avoir des pasteurs indigènes. Interdire l'ouverture de tout temple qui ne serait pas desservi constamment par un pasteur européen est une mesure d'une absolue et immédiate nécessité.

Nous aurons ainsi la garantie pour le gouvernement, que jamais le protestantisme ne s'écartera du type européen, ne visera à l'éthiopianisme. Sur le terrain politique nous serons rassurés.

Si les missions comprennent leurs intérêts, et je parle ici surtout pour les missions françaises elles s'empresseront d'acquiescer. Elles comprendront qu'elles n'ont rien à gagner en continuant dans la voie ou les ont poussées les habitudes prises par les missions protestantes étrangères. Pour le succès de leur œuvre religieuse, comme pour le succès de l'œuvre française il faut qu'elles demeurent maîtresses incontestées des églises fondées par elles. Et pour être assurée contre la désertion des convertis, il nécessaire qu'il ne se constitue pas un clergé indigène, qui tôt ou tard prétendra au nom des droits et des intérêts de sa race, s'émanciper de la tutelle européenne.

En France, le Gouvernement n'a pas hésité à refuser aux congrégations étrangères le droit de s'établir sur le sol français. Il n'admet pas davantage que les prêtres étrangers puissent officier dans les édifices publics du culte.

C'est une mesure dictée par le même désir de ne pas laisser des étrangers sinon opposés au moins indifférents à la paix, à l'ordre intérieur de notre pays, qui nous conduira à interdire aux malgaches le droit de faire partie d'un clergé quelconque. Nous poursuivons, parce que nous les jugeons capables par leur influence de diriger à un moment donné l'esprit indigène dans une voie dangereuse pour nous, les *ombiasy* sorciers ou fétichistes. Pourquoi laisser s'établir, se constituer une catégorie d'indigènes, les pasteurs, substituant leur influence à celle des ombiasy, quand il nous paraît possible que cette influence dégagée de l'action européenne, pourra quelque jour agir pour émanciper les indigènes de notre domination? *Ombiasy* d'hier, sous l'égide des fétiches ancestraux représentaient l'âme nationale indigène ennemie de l'envahisseur; pasteurs de demain, sous la bannière chrétienne, personnifieront encore l'âme nationale indigène ennemie de l'envahisseur. Nous ne jugeons pas les Malgaches dans leur ensemble, capables d'exercer les droits de citoyen français, dans leur plénitude. Nous ne leur avons donné le droit commun français ni au point de vue civil ni au point de vue politique. Ils sont soumis à des juridictions spéciales au point de vue judiciaire. Ils n'ont aucun droit administratif. La liberté de la presse, la liberté de réunion n'existent pas pour eux. Pourquoi n'aurions-nous pas le droit de limiter leur liberté dans l'ordre religieux, de décider que toute faculté leur est laissée de se convertir à la voix du missionnaire européen, mais que la prédication et le prosélytisme leur sont interdits ?

Merveilleuses distinctions ! On accorde des licences de débitants à tous les européens, on les refuse aux indigènes ! On ne leur permet pas de tenir un Kabary, dans lequel ils discuteront le prix du riz, sans permission. Seule la religion importée, imposée qui a violé nettement les idées personnelles héréditaires de ce peuple, serait au-dessus des lois ?

Un Malgache, licencié en droit de France, ne peut, sans autorisation gouvernementale, (toujours refusée), plaider même devant les tribunaux indigènes. On craint qu'il ne prenne une dangereuse autorité. Le même, s'il est improvisé pasteur, peut parler, à l'occasion d'un texte biblique sur toutes choses et dans tous les temples de l'Ile !

Ce privilège doit cesser.

Si le Gouverneur Général n'en prend pas l'initiative, c'est au Parlement, au Gouvernement de formuler la règlementation interdisant l'ouverture de tout temple; à quel culte qu'il soit consacré, non desservi par un missionnaire européen.

Le problème religieux, à Madagascar, s'y pose, je le répète, avec des données spéciales résultant de l'importance du protestantisme.

Les lois de la Métropole, visant le catholicisme, qui dans la Métropole était la seule confession importante, ne suffisent pas à Madagascar. Ces procédés, séparation absolue des églises et de l'Etat, lois sur les congrégations, sont bons aux Colonies, comme dans la Métropole, vis-à-vis du catholicisme. Le catholicisme, en raison de sa discipline rigide, de son peu de disposition à créer des prêtres indigènes, de la sujétion, de l'impuissance dans lesquelles ces prêtres sont maintenus, ne présente pas un danger colonial spécial.

J'ai démontré qu'il en est tout autrement pour le protestantisme, que, sans inconvénients politiques en France, il est menaçant pour l'avenir de nos Colonies. (1)

Des mesures spéciales s'imposent en face d'une situation spéciale : ces mesures se bornent à l'interdiction absolue pour les indigènes de se transformer en missionnaires, à l'interdiction absolue d'ouvrir un temple quelconque non desservi en permanence par un européen.

____

(1) Il y aura lieu bientôt de se préoccuper de l'islamisme au même point de vue.

TABLE DES MATIÈRES

IMPRIMERIE

ALBERT MARÉCHAUX

Meulan-Hardricourt (S.-&-O.)